Como ser independente financeiramente

REINALDO DOMINGOS

Copyright 2012 by Reinaldo Domingos

Direção editorial: Simone Paulino
Projeto gráfico e diagramação: Terra Design Gráfico
Editora-assistente: Silvia Martinelli
Produção editorial: Maíra Viana
Redação: Marina Bueno
Produção gráfica: Christine Baptista
Revisão: Assertiva Produções Editoriais
Impressão: Intergraf Ind. Gráfica Ltda.

Todos os direitos desta edição são reservados
à DSOP Educação Financeira Ltda.
Av. Paulista, 726 – cj. 1210 – 12º andar
Bela Vista – CEP 01310-910 – São Paulo – SP
Tel.: 11 3177-7800 – Fax: 11 3177-7803
www.dsop.com.br

```
     Dados  Internacionais  de  Catalogação  na  Publicação   (CIP)
            (Câmara  Brasileira  do  Livro,  SP,  Brasil)

            Domingos, Reinaldo
               Como ser independente financeiramente /
            Reinaldo Domingos ; redação Marina Bueno. --
            São Paulo : DSOP Educação Financeira, 2013. --
            (Coleção dinheiro sem segredo ; v. 8)

               ISBN 978-85-63680-74-7

               1. Dinheiro 2. Economia doméstica 3. Finanças
            pessoais - Decisões 4. Finanças pessoais -
            Planejamento 5. Investimentos 6. Matemática
            financeira 7. Poupança e investimento I. Bueno,
            Marina . II. Título. III. Série.


     13-01193                                       CDD-332.6
```

Índices para catálogo sistemático:
1. Educação financeira : Economia   332.6

DINHEIRO SEM SEGREDO

Como ser independente financeiramente

REINALDO DOMINGOS

dsop

Sumário

Apresentação 8

Sustentabilidade financeira

Qual a sua relação com o dinheiro? 13

Herança cultural 15

Busque o equilíbrio 18

É hora de mudar

Adote um novo padrão 25

Comece a poupar 27

A relação com os bancos 30

Evite a ciranda dos juros 33

Tipos de investimento

Previdência ou poupança? 41

Títulos de renda fixa e públicos 45

Fundos ou clubes de investimento 50

Mercado imobiliário 54

Rumo à estabilidade

Mudança de hábitos 61

Mantenha o controle 64

DSOP Educação Financeira 70

Reinaldo Domingos 72

Contatos do autor 74

Apresentação

A Coleção **Dinheiro sem Segredo** foi especialmente desenvolvida para ajudar você e muitos outros brasileiros a conquistar a tão sonhada independência financeira.

Nos 12 fascículos que compõem a Coleção, o educador e terapeuta financeiro Reinaldo Domingos oferece todas as orientações necessárias e apresenta uma série de conhecimentos de fácil aplicação, para que você possa adotar em sua vida a fim de equilibrar suas finanças pessoais.

Questões como a caminhada para sair das dívidas, a realização de sonhos materiais como a compra da casa própria e a melhor forma de preparar uma aposentadoria são abordadas numa leitura fácil, saborosa e reflexiva.

Os fascículos trazem dicas de como lidar com empréstimos, cheques especiais, cartões de crédito e financiamentos, todas elas embasadas numa metodologia própria, que já ajudou milhares de brasileiros a ter uma vida financeira melhor e a realizar seus sonhos.

Observador e atento, Reinaldo faz uso de tudo o que ouve em seu dia a dia como educador e consultor financeiro para explicar o que se deve ou não fazer quando o assunto é finanças. As dicas e ensinamentos que constam nos fascículos são embasados pela Metodologia DSOP, um método de ensino desenvolvido pelo autor que consiste em diagnosticar gastos, priorizar sonhos, planejar o orçamento e poupar rendimentos.

Sustentabilidade financeira

Qual a sua relação com o dinheiro?

Herança cultural.

Busque o equilíbrio.

Qual a sua relação com o dinheiro?

A relação que estabelecemos com o dinheiro está diretamente ligada à tranquilidade que tanto buscamos em nossa vida financeira. E para que essa equação seja alcançada com sucesso, é fundamental existir um equilíbrio entre o que se ganha e o que se gasta. Somente assim você conseguirá chegar ao final de cada mês com as contas pagas e com dinheiro suficiente para a realização dos seus sonhos.

A obtenção desse equilíbrio pode ser traduzida em uma palavra que cada vez mais faz parte de nosso vocabulário e que muitas vezes não possui um significado claro para a maioria das pessoas: sustentabilidade.

Nos dicionários, seu significado não é muito elucidador: "capacidade de ser sustentável". Por isso esclareço que para algo ser sustentável, ele deve prover o melhor para o indivíduo, a comunidade e o meio ambiente, tanto no presente como em um futuro indefinido. Nesse sentido, um modelo de desenvolvimento sustentável é aquele que concilia as necessidades econômicas, sociais e ambientais para garantir seu atendimento por tempo indeterminado e para promover a inclusão social, o bem-estar econômico e a preservação dos recursos naturais.

Colocando em termos ainda mais simples, a sustentabilidade nada mais é do que a capacidade de alcance da perenidade, da continuidade de algo ao longo do tempo. Esse conceito está ligado, portanto, à durabilidade, a algo que pode ser prolongado e que possui desenvolvimento continuado.

Seguindo o mesmo raciocínio, a sustentabilidade financeira pode ser entendida como a capacidade de administrar e gerir recursos de forma a alcançar a perenidade. Na prática, isso significa ter sempre uma reserva de dinheiro que permita realizar seus sonhos e passar com tranquilidade por momentos de instabilidade ou imprevistos. Resumindo: é a capacidade de cada um de construir uma situação duradoura de equilíbrio em sua vida financeira.

Por isso, pergunto: "Se a partir de hoje você não recebesse mais o seu ganho mensal, por quanto tempo conseguiria manter seu atual padrão de vida?". Espero que essa pergunta o leve a refletir e seja um estímulo para uma mudança efetiva em sua relação com o dinheiro e o consumo desenfreado. Minha proposta é ajudá-lo a alcançar a sustentabilidade financeira. Está disposto a seguir em frente nesse desafio?

Herança cultural

No Brasil, o descontrole financeiro é uma herança cultural, uma vez que nossos pais e avós não foram educados para aprender a lidar com o dinheiro de maneira equilibrada e harmoniosa e, dessa forma, alcançar a sustentabilidade financeira.

Esse é um problema que vem passando de geração para geração, mas afirmo com convicção que vivemos no momento mais propício para quebrar esse ciclo. E isso só será possível com educação. Eu sou uma prova disso, pois aprendi desde cedo que o ciclo do sucesso financeiro, que implica equilíbrio, começa por respeitar o dinheiro que se ganha e por poupar antes de gastar.

Mas infelizmente essa não é a lição que a maioria dos pais e escolas ensina às crianças, que, uma vez adultas, cometerão uma sucessão de erros em sua vida financeira. E essa culpa não é exclusiva dos pais e das instituições de ensino, já que eles também foram educados e criados de forma errônea, ou seja, sem a preparação adequada para alcançar e ensinar o caminho da sustentabilidade financeira.

Gastos são inerentes à condição humana. Desde que nascemos geramos despesas. Precisamos de dinheiro para as necessidades mais básicas, como comer e ter um teto digno e agradável sobre nossas cabeças. Por isso, necessitamos de equilíbrio e planejamento para que os gastos, muitas vezes inevitáveis, não se tornem um problema e uma fonte diária de preocupação.

Nesse sentido, a educação financeira, que envolve a transmissão do conhecimento sobre como alcançar a sustentabilidade, deve ser prioridade em qualquer fase da vida. E o ideal é que ela seja ensinada desde cedo.

É comum ouvirmos que "educação vem de berço". A frase é verdadeira e válida também para a educação financeira, já que o modo como gerimos nossos recursos muitas vezes reflete os ensinamentos que recebemos e as lições aprendidas ao longo da vida por meio da observação das atitudes de nossos pais, tios e avós.

Por essas diversas razões, sempre defendi e busquei disseminar a educação financeira formal como a melhor maneira de promoção de uma administração equilibrada do dinheiro em todas as etapas da vida. Afinal, no Brasil sempre se falou muito sobre a distribuição de riqueza como uma forma de obtermos o esperado crescimento econômico sustentável, mas pouco se dizia sobre ensinar a gerir e a gerar essa riqueza.

Felizmente, esse cenário já está em transformação. Em 22 de dezembro de 2010 foi instituída a Estratégia Nacional de Educação Financeira (ENEF), um esforço dos gover-

Sustentabilidade financeira

nantes brasileiros rumo ao reconhecimento da educação financeira como ferramenta de inclusão social, de melhoria da qualidade de vida e de promoção da estabilidade e eficiência do sistema financeiro do país.

Por meio da educação financeira, o Governo Federal acredita que os consumidores poderão aperfeiçoar sua compreensão e melhorar a relação com o dinheiro. Dessa forma, a ENEF busca permitir que as pessoas resistam conscientemente aos apelos imediatistas ao aprenderem a planejar no longo prazo as suas decisões de consumo, poupança e investimento. Na prática, isso nada mais é do que a busca pelo alcance da sustentabilidade financeira.

Busque o equilíbrio

Para alcançar a sustentabilidade financeira, é preciso fazer com que o dinheiro se multiplique, o que exige grande responsabilidade e uma dose diária de planejamento. A essa altura você pode estar se perguntando como irá investir, se nem ao menos consegue poupar. Pois eu lhe digo: não desanime, nem perca o foco. É possível sim alcançar a tão sonhada independência financeira.

A lição número um para o equilíbrio financeiro é ter plena consciência dos seus rendimentos e gastos, ou seja, saber detalhadamente quanto entra de dinheiro a cada mês e quais são os compromissos e gastos assumidos. Somente com esse exercício será possível "arrumar a casa", que nada mais é do que gastar menos do que se ganha.

Para isso, você deve registrar os valores recebidos a cada mês e, se possível, nos 12 meses do ano, para saber exatamente qual é a situação e, assim, refletir sobre as necessidades de adequação. Procure ser o mais fiel possível, já que estimativas costumam "maquiar" a realidade, e fique atento para não cair no erro de superestimar ou subestimar os rendimentos.

Anotados os valores recebidos, é hora de verificar quais são os gastos. Para isso, você deve anotar tudo o que é comprado ou pago. Mas tudo mesmo, desde as miudezas como o café e a bala até contas maiores como aluguel, condomínio e prestações. A ideia é que você saiba para onde vai cada centavo e possa controlar efetivamente todo o seu dinheiro.

Para auxiliá-lo nesse processo, você pode utilizar o Apontamento de Despesas, disponibilizado no primeiro fascículo da Coleção Dinheiro Sem Segredo e no portal da DSOP Educação Financeira (www.dsop.com.br). Ele é uma importante ferramenta que vai ajudá-lo a relacionar os gastos divididos por dia, valor, forma de pagamento e tipo de despesa.

Em pouco tempo, por meio desse apontamento, você saberá exatamente para onde está indo seu dinheiro. Munido desse conhecimento, o momento será de ajustes. A fórmula é simples: você não poderá gastar mais do que ganha em hipótese alguma e, para isso, terá que mudar seu comportamento em relação ao dinheiro.

As anotações diárias de gastos serão a sua maior aliada. Nelas, você vai constatar a enorme quantia que é gasta diariamente com miudezas. Valores que até então considerava insignificantes, mas que, somados ao fim de cada mês, representam um dinheiro considerável. Terá a oportunidade de valorizar cada centavo e pensar duas vezes antes de gastar.

Veja abaixo uma simulação que demonstra como alguns pequenos gastos cotidianos podem fazer uma grande diferença na busca da independência financeira.

DESPESAS	20 ANOS (R$)	30 ANOS (R$)
Gorjeta: R$ 1,00 (3 vezes/semana)	7.469,72	18.605,85
Guloseimas: R$ 2,00 (5 vezes/semana)	24.897,14	62.014,73
Ligação de celular: R$ 4,00 (por dia)	69.910,81	174.136,44
Pizza/Balada: R$ 50,00 (por semana)	124.497,20	310.102,26

Taxa de juros de 0,65% ao mês

É hora de mudar

Adote um novo padrão.

Comece a poupar.

A relação com os bancos.

Evite a ciranda dos juros.

Adote um novo padrão

Com a situação financeira revista, é hora de começar a poupar. A estratégia, novamente, é simples. Para estabelecer seu equilíbrio financeiro, separe 10% do total de seus rendimentos antes de começar a gastar ou pagar as contas fixas. Isso quer dizer que, a partir de seu ganho mensal líquido, você deve gastar, no máximo, 90% de suas receitas.

Se o seu salário líquido (o valor real que você recebe, descontados os impostos) for de R$ 1.800,00, você terá que assumir um padrão de vida no qual possui cerca de R$ 1.620,00 para arcar com todas as despesas. O cálculo é o seguinte:

Total de receitas líquidas	R$ 1.800,00
(-) Total de retenção (10%)	R$ 180,00
= Saldo para adequação do padrão de vida	**R$ 1.620,00**

Para conseguir fazer essa adequação em sua vida, foque no essencial: a busca pelo alcance da sustentabilidade financeira. Nesse caminho, você deve ter consciência de que não é apenas o quanto você ganha que definirá o seu novo padrão de vida.

Tenha certeza de que o seu padrão de consumo afeta – de maneira positiva ou negativa – sua sustentabilidade financeira, e, por isso, você deve ter atenção redobrada a partir de agora em relação ao que compra, à forma como compra e também ao porquê de cada compra realizada.

O ideal é que você consiga adotar um padrão de vida um pouco inferior ao que sua renda permite. Esse é o segredo para ter parte do dinheiro guardado e, assim, criar a reserva necessária para um futuro próspero e sustentável.

Não é fácil atingir esse patamar, mas lembre-se: os fins justificam os meios. Não se trata apenas de dinheiro, mas da tranquilidade que você conquistará ao ter a reserva necessária para planejar com confiança seus próximos gastos e o seu futuro. Foque suas energias em algo muito mais prazeroso que o dinheiro em si: a paz de espírito. Tenha sempre em mente que não importa o quanto você ganha, mas quanto você é capaz de acumular, da riqueza gerada a partir do que você ganha.

Comece a poupar

Poupar representa o início de um futuro próspero para aqueles que desejam alcançar a sustentabilidade financeira. Mas é necessário entender a diferença entre poupar e investir. Essa, aliás, é uma dúvida que surge com muita frequência em minhas palestras e cursos sobre educação financeira.

Os dicionários apresentam uma série de significados para o verbo poupar, mas na Metodologia DSOP entendemos o termo como o ato de reter e guardar dinheiro.

Investir, por sua vez, possui outra denotação: direcionar o dinheiro poupado (não gasto, retido) a algum tipo de investimento como caderneta de poupança, previdência privada, ações, entre outros.

Entendidas as diferenças entre os termos, fica mais claro perceber que, antes de investir, é necessário poupar. Você já sabe que deve viver, preferencialmente, um pouco abaixo de seu padrão de consumo, poupando, no mínimo, 10% de seus rendimentos.

A questão agora é como fazer essa reserva se multiplicar, ou seja, como fazer o dinheiro trabalhar para você. É importante que você decida rapidamente onde vai aplicar a quantia retida para não acabar gastando em desejos momentâneos.

Na Metodologia DSOP, a escolha do tipo de investimento está relacionada ao sonho, porque é muito comum as pessoas terem dinheiro guardado, mas não saberem exatamente o destino que darão a ele. E, como eu sempre digo, acumular por acumular não faz nenhum sentido. Você deve guardar dinheiro com um propósito, para realizar algum sonho.

Entre os vários destinos que esse dinheiro pode tomar, o foco principal deve estar direcionado para a conquista da sustentabilidade, que proporcionará sua independência financeira. Por isso, é muito importante reter os 10% dos seus rendimentos totais mesmo antes de entrar no conceito do sonho.

Caso você ainda esteja em dúvida se essa é de fato a melhor opção, refaço a pergunta: "Se a partir de hoje você não recebesse mais o seu ganho mensal, por quanto tempo conseguiria manter seu atual padrão de vida?". Tenho certeza de que seu desejo é de um futuro próspero e tranquilo, sem sobressaltos, dívidas ou a necessidade de cortes bruscos de despesas.

Porém, saiba que essa não é a realidade do nosso país, no qual a maior preocupação das pessoas é com o momento presente. Nossa cultura é marcada por um predominante descaso com o amanhã. Eu diria que no mínimo 90% da população vive apenas o momento presente, está presa ao imediatismo e não consegue se programar para viver o futuro com qualidade de vida e saúde financeira.

Por isso, esses 10% retidos (e posteriormente aplicados) serão mais importantes em seu futuro do que agora. Aposte nisso e tenha a consciência de que só o dinheiro poupado e investido é capaz de assegurar a sua sustentabilidade financeira e a manutenção do seu padrão de vida atual.

Pense nisso e responda com sinceridade: "Quanto dinheiro você tem reservado para usufruir do futuro com tranquilidade ou enfrentar situações adversas e inesperadas?". Tenho certeza de que a maioria responderá que não tem nada. E o pior, sem ter ao menos ideia de quanto poderia ter acumulado ao longo da vida para alcançar a tão desejada sustentabilidade financeira.

A relação com os bancos

As instituições bancárias podem ser suas aliadas ou uma constante fonte de dor de cabeça e preocupação. Tudo depende da forma como você lida com o dinheiro e, consequentemente, com os bancos nos quais optou abrir sua conta.

Um exemplo é a questão dos juros. A palavra muitas vezes é sinônimo de algo ruim e que deve ser temido. Mas isso não é verdade. Da mesma forma que juros embutidos em prestações e em empréstimos podem abalar o seu orçamento, os juros de um investimento, por outro lado, podem render bastante dinheiro. Você pode usar os juros contra ou a seu favor, a escolha é sua.

A dinâmica é simples. Se você antecipa, ou seja, pega emprestado um valor X com o banco para comprar algo, terá que devolver à instituição X + Y, sendo Y os juros que você terá que pagar. Se, ao contrário, guarda seu dinheiro em uma aplicação, retardando o uso da mesma quantia X, terá no futuro X + S, sendo S os juros que você conquistou com o dinheiro investido.

A lógica é a da acumulação, os chamados juros compostos, mais conhecidos como juros sobre juros. Esse é atualmente o regime de juros mais usado no sistema financeiro, pois ele oferece maior rentabilidade se comparado ao regime de juros simples, no qual o valor dos rendimentos é fixo. Já no caso dos juros compostos, o juro incide mês a mês.

Se você tem dinheiro investido, a cada mês receberá juros sobre juros e, portanto, aumentará o seu capital. Vamos supor que tenha depositado R$ 500,00 no banco e receberá 1% de juros sobre esse valor. Após um mês, você terá R$ 505,00. Já no segundo mês, os juros de 1% não incidirão mais sobre os R$ 500,00 iniciais, mas sobre os R$ 505,00 acumulados no segundo mês. E assim sucessivamente, como mostra a simulação abaixo.

MÊS	CAPITAL (R$)	JUROS (%)	TOTAL (CAPITAL JUROS %)
1	500,00	1% de 500,00 = 5,00	505,00
2	505,00	1% de 505,00 = 5,05	510,05
3	510,05	1% de 510,05 = 5,10	515,15
4	515,15	1% de 515,15 = 5,15	520,30
5	520,30	1% de 520,30 = 5,20	525,50
6	525,50	1% de 525,50 = 5,26	530,76
7	530,76	1% de 530,76 = 5,31	536,07
8	536,07	1% de 536,07 = 5,36	541,43

Ao final do oitavo mês, o valor acumulado seria de R$ 541,43. Essa é a lógica dos juros a seu favor! O problema é que, como expliquei anteriormente, os juros também podem ser prejudiciais quando incidem sobre um dinheiro que pegamos emprestado, ou seja, em um valor que terá de ser pago e está aumentando a cada mês.

Evite a ciranda dos juros

Se você paga somente o mínimo do cartão de crédito, também pagará juros sobre juros e o valor da dívida ficará maior ao longo do tempo. E, nesse caso, esse é um erro bastante crítico, já que a taxa de juros do cartão de crédito é muito maior do que a taxa de rendimento de um investimento de baixo risco, como a poupança.

Se você, por exemplo, assumir uma dívida de R$ 150,00 no cartão de crédito, a uma taxa de 9% ao mês, o montante da dívida pode chegar a R$ 4.600.000,00 em dez anos. Esse é um exemplo clássico em que os juros trabalham contra você e, infelizmente, é um mal que aflige pessoas em todo o mundo. Sem saber dos juros que incidirão mês a mês, elas acabam perdendo a noção do buraco em que estão entrando.

Vivemos atualmente em uma explosão de crédito fácil, o que poderia ser positivo quando essa é a única saída para quem precisa de um determinado valor e não o possui. Mas acaba sendo mais uma fonte de preocupação, pois se você não conseguir arcar com as prestações, o saldo devedor estará maior a cada mês. E, enquanto estiver preso a essas dívidas, estará impedido de poupar, investir e crescer.

Um erro comum e que contribui muito nesse processo de endividamento é quando você passa a recorrer a empréstimos para complementar os seus compromissos ou para pagar as dívidas já assumidas. Pode parecer uma saída, mas na verdade você só estará piorando sua situação e ficando cada vez mais distante de sua independência financeira.

No caso do cartão de crédito, é o pagamento mínimo mensal que o afastará do caminho da sustentabilidade. Ao pagar apenas o valor mínimo por meses seguidos, você está praticamente jogando seu dinheiro no ralo, já que sua dívida só aumentará por conta dos juros. Nesse caso, você deve abrir mão do cartão de crédito e negociar o pagamento do valor total em prestações fixas para liquidar o que deve.

A utilização equivocada do cartão de crédito também está relacionada ao limite oferecido pelas operadoras, que muitas vezes é superior à real capacidade de pagamento dos clientes. Diante dessa afirmação, você pode dizer: "Ora, se o banco me ofereceu um limite de R$ 5.000,00 é porque eu posso arcar com esse valor!". E eu lhe faço a seguinte pergunta: "Será que pode mesmo?".

Em primeiro lugar, lembre-se de que as instituições financeiras têm como mercadoria o dinheiro. Assim como uma lanchonete vende lanches, o banco vende dinheiro. Os limites concedidos para os clientes costumam ser maiores do que os seus ganhos, o que provoca no orçamento das pessoas o temido desequilíbrio financeiro. Então, eu pergunto: "E o seu limite, está acima do que você ganha?".

De modo geral, o recomendável é ter um cartão de crédito com limite disponível de no máximo 30% dos seus rendimentos líquidos. Por exemplo: se você tem um rendimento mensal de R$ 1.000,00, o limite do cartão deve ser de R$ 300,00. Não se esqueça nunca dessa lição: o limite do seu cartão de crédito não deve jamais exceder o valor do seu ganho.

A negociação também é muito importante para quem busca a sustentabilidade financeira e possui dívidas. Por isso, o ideal é não ter vergonha e negociar sempre que possível. Não aceite a primeira proposta que lhe apresentarem: mostre que o resultado da negociação tem que ser bom para ambas as partes e que você só poderá pagar se for uma situação efetivamente positiva para você. Afinal, de nada adianta assumir uma proposta com a qual não poderá arcar.

Você deve modificar seus hábitos de consumo. A palavra de ordem inicial é organização. Todas as despesas não essenciais devem ser cortadas. Lembre-se de que um pequeno vazamento pode afundar um grande navio.

Você também pode procurar entender melhor como alguns fatores da economia podem afetar o seu dinheiro. O principal deles é a inflação. Ela é medida pelo Índice de Preços ao Consumidor Amplo (IPCA) e influi nas aplicações com rendimento vinculado à taxa básica de juros, a Selic (definida pelo Banco Central em reuniões periódicas). É o caso da poupança e de outros fundos, dos quais falarei mais adiante quando tratarmos das possibilidades de investimento para o dinheiro poupado.

Ocorre que, quando a inflação está alta, é mais difícil para o Brasil seguir com o seu planejamento de política monetária e atingir a meta definida para a Selic. O Banco Central trabalha com uma meta para a inflação e, sempre que esse limite corre o risco de ser ultrapassado, os juros são elevados como forma de tentar diminuir o consumo e, com isso, o aumento dos preços.

A inflação afeta o valor do nosso dinheiro, o Real. E se a moeda vale menos, o poder de compra também diminui. Um exemplo simples é a ida ao supermercado.

Se a inflação está alta, o dinheiro com que você comprava uma porção de coisas não valerá o mesmo no mês seguinte, ou seja, você levará para casa menos mercadorias e gastará o mesmo valor. Por isso é tão importante que o governo mantenha a inflação sob controle.

Tipos de investimento

Previdência ou poupança?

Títulos de renda fixa e públicos.

Fundos ou clubes de investimento.

Mercado imobiliário.

Previdência ou poupança?

Entendida a necessidade de planejamento, equilíbrio e controle para conseguir poupar, é hora de pensar em como fazer o dinheiro retido trabalhar para você. Ser independente financeiramente não depende de quanto você ganha, mas de sua relação com o dinheiro e da maneira como você o gasta e administra.

A chave para alcançar a independência financeira é formar uma poupança segura e sustentável, que dure a vida toda, garantindo assim seu padrão de vida sem a dependência de seu ganho mensal. Isto é, você deverá ter um volume de dinheiro guardado que renda, por meio dos juros, o valor necessário para pagar os seus gastos atuais (e futuros) mesmo sem trabalhar.

Essa deve ser sua meta a partir de agora. Vou fornecer um exemplo simples para animá-lo e provar que conquistar R$ 1 milhão é possível para quem começa a poupar cedo e possui disciplina. A conta é fácil: se você guardar todo mês, durante 30 anos, pouco mais de R$ 618,00, a uma taxa de 0,7%, terá alcançado R$ 1.000.000,00.

Para alcançar a independência financeira é preciso acumular uma reserva que possa render o dobro do seu padrão de vida. Por exemplo: uma pessoa com um padrão de vida cujo valor mensal é de R$ 1.000,00 terá que obter um rendimento mensal de juros no valor de R$ 2.000,00, ou seja, o dobro do custo de vida. Assim estará garantindo sua sustentabilidade financeira, desde que respeite seu padrão real de vida, neste caso, de R$ 1.000,00 e ficando os outros R$ 1.000,00 acumulados na reserva financeira, que vai aumentando mês a mês. Nesse exemplo, com rendimentos mensais de R$ 2.000,00, o montante a ser acumulado deverá ser de R$ 312.000,00 e, para isso, seria necessário poupar mensalmente por 30 anos o valor de R$ 218,00 com juros de 0,65% ao mês.

É claro que, quanto mais cedo a pessoa começa a poupar, mais fácil será para ela alcançar a sustentabilidade financeira. Enquanto não se tem uma família e uma casa para sustentar, a dica é poupar ao menos 30% dos rendimentos mensais.

Mas a idade e a situação financeira atual não devem ser usadas como desculpa. Basta um pouco de persistência e determinação para alcançar a independência financeira. É importante analisar as diversas opções de investimento e seguros antes de optar pelo melhor destino para o dinheiro poupado. A maior parte da população contribui mensalmente com a previdência social (INSS), que garante ao contribuinte ou à sua família a manutenção de sua renda em caso de morte, doença grave, prisão, gravidez, acidente ou velhice.

Só que o valor retido quase sempre não é suficiente para bancar o padrão de vida com o qual as pessoas estão acostumadas. Isso porque a maioria contribui apenas com o percentual mínimo, entre 8% e 11%, que é o valor descontado obrigatoriamente todos os meses de quem trabalha com carteira assinada.

O problema é que com o passar do tempo o valor pago para a previdência social fica defasado em relação ao valor do salário. Isso quer dizer que a quantia a ser recebida do INSS será bem menor do que o necessário para manter o padrão de vida que se tinha anteriormente.

Por isso, uma das escolhas para investir o dinheiro retido pode ser a previdência privada. Ela é a opção para quem busca um sistema que proporcione uma renda mensal no futuro, principalmente quando a pessoa já não quer – ou não pode – trabalhar. É uma alternativa que pode complementar a previdência social para garantir um futuro financeiramente estável.

No Brasil, há basicamente dois tipos de plano de previdência: a aberta, que pode ser contratada individualmente por qualquer cidadão em seguradoras ou bancos; e a fechada, destinada a grupos, como funcionários de uma empresa, sindicatos e entidades de classe.

No segundo caso, o mais comum é que o funcionário contribua mensalmente com uma parte de seu salário e a empresa banque a outra metade. Você pode encontrar mais detalhes sobre como funciona a previdência privada no fascículo 10 da **Coleção Dinheiro Sem Segredo: Como garantir uma aposentadoria tranquila**.

Outra opção que atrai muitos brasileiros é a caderneta de poupança, o investimento mais tradicional, conservador e popular do país. As principais vantagens da poupança são a liquidez imediata (o termo liquidez é usado para designar a capacidade de um investimento se transformar rapidamente em dinheiro vivo) e a possibilidade de retirada do dinheiro a qualquer hora. Outro atrativo é o fato de a poupança ser uma transação de baixo risco, ou seja, a possibilidade de você perder todo o dinheiro aplicado ou parte dele é pequena.

Mas lembre-se de que valores mantidos por menos de um mês não recebem remuneração. Isso porque a caderneta de poupança calcula o rendimento de uma conta de acordo com o período de um mês (aniversário), decorrido a partir do dia em que o dinheiro foi depositado até a data em que ele é remunerado. Portanto, se por algum acaso você precisar efetuar resgates, ou seja, tirar parte do dinheiro depositado na poupança, a dica é fazer isso sempre no dia do aniversário ou depois dele.

A poupança se diferencia ainda pela isenção de Imposto de Renda para pessoas físicas. A desvantagem é que, por ser uma aplicação altamente conservadora, o rendimento é menor se comparado a outros investimentos, até mesmo no caso de outras aplicações de baixo risco.

Títulos de renda fixa e públicos

Os Certificados de Depósito Bancário (CDBs) e os Recibos de Depósitos Bancários (RDBs) são títulos de renda fixa (a remuneração, ou seja, o retorno do dinheiro investido, é informado no momento da aplicação) que servem como captação de recursos para os bancos, ou seja, são como empréstimos que você faz para as instituições financeiras em que possui conta.

A aplicação inicial, que é o dinheiro que você deve depositar, varia de banco para banco, mas o valor costuma ser maior do que o necessário para abrir uma caderneta de poupança. Nos CDBs e nos RDBs você ganha com os juros pagos pela instituição bancária pelo "empréstimo" do dinheiro ao fim do término do contrato. Assim como a caderneta de poupança, é um investimento com baixo risco, já que é uma aplicação de renda fixa.

A diferença entre CDB e RDB é que o primeiro permite a negociação do título antes da data de vencimento (quando o banco paga ao investidor), ou seja, você pode ter de volta seu investimento a qualquer tempo, mas estará perdendo remuneração. Já no RDB, o resgate só é vantajoso se realizado depois de passado o prazo mínimo da aplicação, que varia de 1 dia a 12 meses, dependendo do tipo de rentabilidade escolhida. Você pode retirar seu dinheiro antes do prazo mínimo da aplicação, mas sem nenhum rendimento, ou seja, sem ganhar nada com o investimento.

As vantagens desses títulos de renda são a possibilidade de negociar as taxas de remuneração de acordo com o valor aplicado e, assim, conseguir maior rentabilidade. As taxas podem ser prefixadas (nessa modalidade você saberá desde o início da aplicação o valor de seu rendimento), pós-fixadas (nesse caso o rendimento é calculado somente ao fim da aplicação) ou flutuantes (indexadas às taxas CDI, à taxa Selic e ao Certificado de Depósito Interbancário).

Diferentemente da caderneta de poupança, nesses casos há incidência de IR em função do prazo da aplicação. Quanto mais tempo o dinheiro ficar investido menor será a alíquota, ou seja, o valor pago ao Imposto de Renda. A semelhança com a poupança é a de que, no caso de falência do banco, o Fundo Garantidor de Crédito garante ao investidor parte do valor investido ou até sua totalidade.

Outra opção de investimento são os Títulos de Tesouro Direto, popularmente conhecidos como Títulos Públicos. Essa modalidade faz parte de um programa de investimento criado pela Secretaria do Tesouro Nacional para custear gastos públicos, sendo ela a responsável por emitir e controlar os títulos. Tem semelhanças com os CDBs e RDBs, só que, nesse caso, você estaria emprestando dinheiro para o Governo Federal e não para uma instituição bancária.

Os Títulos Públicos podem ser emitidos por governos municipais, estaduais e federal. O "empréstimo" é utilizado para financiar atividades nas áreas de educação, saúde e infraestrutura, além do pagamento da dívida pública. Os títulos possuem diferentes prazos e rentabilidade, podendo incluir desde juros prefixados (quando você já sabe desde o início quanto vai receber) até estarem vinculados à famosa taxa Selic (nesse caso, o investidor só saberá ao certo quanto irá receber ao fim da aplicação).

A aplicação inicial deve ser de, no mínimo, 20% do preço do título a ser comprado, valor que é de aproximadamente R$ 100,00. Já as vendas dos títulos, ou seja, o resgate do dinheiro, só pode ser realizado entre as 9h de quarta-feira e as 5h de quinta-feira.

O maior diferencial dos Títulos Públicos é que, mesmo sendo um investimento de baixo risco, eles possuem maior rentabilidade em relação a outras opções conservadoras, a exemplo da poupança. Além disso, você pode comprar títulos diferentes, construindo assim uma carteira diversificada quanto a prazos e rentabilidade.

Já a desvantagem é a incidência de Imposto de Renda e, no caso de aplicações com prazo inferior a 30 dias, de Imposto sobre Operações Financeiras (IOF) – lembrando que apesar de existirem títulos com vencimentos de curto prazo, esse tipo de aplicação é mais indicada para investimentos a médio e longo prazo, que devem ser a aposta de quem busca a sustentabilidade financeira.

Os Títulos Públicos podem ser comprados pela Internet, em instituições financeiras habilitadas para a atividade, chamadas de Agentes de Custódia. Algumas dessas instituições possuem seus sistemas integrados, ligados ao sistema do Tesouro Direto (um programa de venda de títulos públicos a pessoas físicas desenvolvido pelo Tesouro Nacional, em parceria com a BM&FBovespa), e, por isso, são chamadas de Agentes Integrados. A facilidade é que com a integração dos sistemas os clientes compram os títulos diretamente no site de cada instituição.

Na página do Tesouro Direto (www.tesouro.fazenda.gov.br) você encontra uma lista das instituições financeiras que oferecem Títulos Públicos e um ranking das taxas a serem pagas. Isso porque, ao comprar o título, é cobrada uma taxa de negociação sobre o valor da operação, entre outras que devem ser pagas a cada semestre ou ainda no vencimento do título. Por isso, é muito importante que você se informe bem antes de optar por esse tipo de aplicação.

Não se assuste com a grande quantidade de informações. Aos poucos, você conseguirá identificar com maior facilidade qual é o seu perfil de investidor e qual a modalidade mais indicada para o seu caso.

Minha proposta é apresentar-lhe as mais conhecidas e populares formas de investimento, mostrando que você pode ter a segurança necessária para investir seu dinheiro e colher os frutos de sua disciplina ao poupar.

Como um investidor iniciante, você deve ter consciência de seu objetivo. Ao buscar a sustentabilidade financeira, seu foco deve ser o futuro, sua tranquilidade e perenidade. Você poderá aproveitar, quando necessário, os juros de suas aplicações e não deve mexer no dinheiro efetivamente aplicado.

Fundos ou clubes de investimento

Os fundos de investimento são uma aplicação financeira formada pela união de vários investidores que, em conjunto, realizam um investimento financeiro no qual as receitas e despesas são divididas.

Eles funcionam como uma espécie de "condomínio", no qual cada participante é proprietário de um apartamento, ou seja, cada investidor possui uma cota, uma parte do investimento. Cada cota é formada por uma quantidade determinada de títulos e valores mobiliários (que são ações e títulos públicos) e, no mínimo, 67% do patrimônio do fundo é investido em ações negociadas em bolsas de valores ou no Mercado de Balcão Organizado.

As bolsas de valores são ambientes organizados para a negociação de títulos e de valores mobiliários de forma transparente e segura. Por isso, são usados sistemas eletrônicos nas negociações. No Brasil, as transações de compra e venda de ações nas bolsas de valores são realizadas por meio de outras empresas, chamadas de corretoras e distribuidoras.

Nossa principal bolsa é a Bolsa de Valores, Mercadorias e Futuros, a BM&FBovespa, na qual são negociados títulos e valores mobiliários como ações de companhias, títulos privados de renda fixa, derivativos agropecuários (conhecidos como commodities), entre outros.

No Mercado de Balcão Organizado, as instituições que o administram criam um ambiente informatizado e transparente de negociação e contam com mecanismos de autorregulamentação, ou seja, elas próprias regulam sua atuação. Os investidores podem ser pessoas físicas ou jurídicas e todos os recursos são destinados à compra dos títulos, na proporção do dinheiro investido pelos participantes.

Existem duas modalidades de fundos de investimentos: os Fundos Abertos, que geralmente existem por tempo indeterminado e nos quais podem entrar novos investidores, ou seja, novos cotistas, com a saída de antigos investidores ou aumento de participação; e os Clubes Fechados, em que não é permitida a entrada ou saída de investidores e nos quais não há a possibilidade de resgate antes do encerramento do fundo.

O principal fator de risco dos fundos de investimento é a variação nos preços das ações que compõem sua carteira. Seria como se, em um condomínio, cada apartamento ou casa pudesse valer um preço ao longo do tempo ao se valorizarem ou desvalorizarem. Por isso, é muito importante que você conheça os vários tipos de fundos para optar por aquele que melhor se ajusta ao seu estilo e está mais próximo do retorno que espera obter.

Os fundos de investimento podem ser classificados como de Curto Prazo; Referenciado; de Renda Fixa; de Ações; Cambial; de Dívida Externa; e Multimercado. E existem mais divisões. Entre os Fundos de Renda Fixa, por exemplo, os mais populares são os Fundos DI, que oferecem baixo risco ao investidor, especialmente quando há uma expectativa de que os juros subam.

Independentemente da modalidade escolhida, os principais benefícios dos fundos de investimento são que, unidos, os investidores aumentam o dinheiro investido e, portanto, têm maior poder de negociação. Some a isso o fato de não exigirem tanto estudo e conhecimento como no caso daqueles que decidem, por conta própria, investir em ações. Isso porque quem efetivamente cuidará da gestão do fundo é um especialista, que acompanhará o mercado diariamente em busca das melhores e mais vantajosas oportunidades de investimento.

Já as desvantagens são o pagamento de Imposto de Renda sobre uma parte do lucro obtido e de uma taxa de administração, já que existe uma pessoa trabalhando com o objetivo de fazer com que o fundo dê cada vez mais lucro aos participantes. Em alguns casos também são cobradas uma taxa de performance (a taxa é cobrada sobre o que exceder uma determinada performance, ou seja, o desempenho que era esperado) e de entrada e de saída.

Outra possibilidade, bastante parecida, é aplicar o dinheiro retido em clubes de investimento. Eles também são a união dos recursos de pessoas físicas para aplicação em títulos e valores mobiliários. A principal diferença em relação aos fundos é que a responsabilidade da gestão pode ser de um dos cotistas, não sendo necessária a contratação de um especialista.

Mas, de qualquer forma, o clube deve ser administrado por uma sociedade corretora, distribuidora, banco de investimento ou banco múltiplo com carteira de investimento, que será o responsável pelas atividades e serviços relacionados ao seu funcionamento e à sua manutenção. Além disso, nenhum cotista pode possuir mais de 40% do total das cotas do clube.

Mercado imobiliário

Uma opção clássica de investimento são os imóveis, sejam eles comerciais ou residenciais. Essa já seria uma alternativa para quem possui um grande valor poupado, uma vez que a ideia é que o dinheiro trabalhe para você e, nesse caso, financiar um imóvel com a finalidade de investimento pode não ser vantajoso por conta dos juros que você irá pagar.

Isso sem falar na dívida de longo prazo que você estaria assumindo, que é o inverso do que proponho como forma de obter sustentabilidade financeira. Como investimento, os imóveis podem ter a finalidade de revenda ou de aluguel. No primeiro caso, o mais comum é a compra ainda na planta, quando o valor costuma ser inferior ao de um pronto, e a posterior revenda, quando as obras já estão concluídas e o preço, por isso, é superior.

Na segunda opção, o objetivo é gerar renda com aluguel, ou seja, ter garantido um valor mensal e reajustado a cada ano de acordo com índices definidos no contrato de locação. Além disso, "viver de renda" é o sonho da maioria dos brasileiros e uma das formas de obter a tão sonhada independência financeira.

Mas esse é um tipo de investimento que requer cuidado, atenção e muita pesquisa. Você deve avaliar uma série de requisitos e ficar atento à papelada que envolve a compra e venda de imóveis.

Se você for comprar na planta, a primeira dica é pesquisar a idoneidade e a saúde financeira da construtora para evitar problemas futuros com a qualidade dos materiais usados na construção e com o prazo de entrega. No caso de um apartamento já pronto, é necessário verificar se toda a documentação do imóvel e do atual proprietário está em dia para não ter dor de cabeça depois.

Além disso, tanto no caso de imóveis na planta quanto nos prontos, você deve se informar sobre os preços praticados em cada região e os benefícios e desvantagens das localidades em que eles se encontram. Outra dica é não pensar em atributos que são importantes para você, já que o imóvel será um investimento e não o seu futuro lar.

Considerados todos esses aspectos, eu destaco algumas vantagens do investimento em imóveis. A principal delas é que, por serem bens de consumo, eles não costumam perder valor com o passar dos anos. Ao contrário, valorizaram-se de maneira espantosa no Brasil nos últimos anos, principalmente nas grandes cidades. Outro diferencial são os contratos de locação, que, geralmente, são de longo prazo, o que proporciona maior segurança.

A desvantagem é que, caso você não consiga alugar o apartamento, terá de arcar com despesas de condomínio (no caso dos edifícios) e do Imposto Predial Urbano (IPTU), cobrado em grande parte dos imóveis. Além disso, você pode ter a infelicidade de fechar contrato com um inquilino que não honra seus compromissos financeiros em dia ou que não preserva o imóvel de maneira adequada.

Você também deve lembrar que assim como a maior parte dos investimentos, os imóveis para revenda e locação também apresentam riscos ao seu bolso. Um exemplo não tão raro é o de construtoras irem à falência, um grande problema para quem adquiriu um imóvel ainda na planta.

E, apesar de o imóvel sempre poder ser vendido, você não necessariamente ganhará mais dinheiro ou recuperará o valor investido. Isso porque o preço de um imóvel está sujeito às altas e baixas do mercado, e pode ser que, no momento da venda, você não encontre alguém disposto a pagar o preço que estiver pedindo.

Rumo à estabilidade

Mudança de hábitos.

Mantenha o controle.

Mudança de hábitos

Agora você já tem informações suficientes para poder escolher com segurança a melhor forma de fazer sua reserva de dinheiro render em busca da sustentabilidade financeira. Mas não pense que esse processo de mudança de hábitos acabou.

É importante que você tenha consciência de que o equilíbrio financeiro também depende da redução dos pequenos gastos, que, na verdade, são os cortes mais fáceis de serem realizados. Afinal, o café no fim da tarde e a pizza de domingo podem muito bem ser reduzidos sem prejuízo algum para a sua qualidade de vida.

E não estou dizendo que você não pode mais tomar café ou comer pizza. Minha sugestão para que você finalmente alcance a independência financeira é a moderação. Tome o café na padaria, mas não todos os dias, e peça a pizza a cada 15 dias. Os valores poupados somente com essas atitudes de redução já serão consideráveis no longo prazo.

Tudo é uma questão de reunir coragem, força e informação para romper o ciclo do endividamento, das compras por impulso e dos gastos supérfluos e desnecessários. Somente assim, tomando as rédeas da sua vida financeira, você conseguirá olhar para a frente e partir em busca da tão sonhada independência financeira.

Paralelamente, promova uma verdadeira reflexão sobre o seu estilo de vida e padrões de consumo. Você deverá manter um padrão de vida sustentável, que lhe permita estar na posição de poupador ao invés de estar na de devedor. Isso significa que se você possui muitas dívidas, deve estar vivendo fora de seu padrão de consumo.

Para ser sustentável é necessário viver dentro da sua realidade, já que é disso que dependerá a sua saúde financeira. Muitas pessoas estão acostumadas a viver na corda bamba por assumir compromissos com os quais não podem arcar.

Infelizmente essa é a atual situação da maior parte dos brasileiros, que coloca os filhos em escolas cuja mensalidade está acima de seu padrão de renda, que faz financiamentos de longo prazo sem saber se terá condições de pagar e realiza compras em prestações a perder de vista.

E o problema não é somente esse. A grande maioria da população não possui o hábito de pesquisar e acaba gastando mais por pura falta de iniciativa, por não procurar saber quanto custa determinado produto em cada loja. Acredito que o pensamento dessas pessoas deva ser o de que não vale a pena perder tempo pesquisando e, no fim, economizar alguns poucos reais.

Mas a verdade é que qualquer real economizado é válido e que, de real em real, a quantia poupada é significativa. Mas mais do que isso, a diferença pode ser espantosa. Você sabia que a diferença de preço entre os eletrodomésticos pode variar até 60% para um mesmo produto em diferentes estabelecimentos?

Por isso, não deixe nunca de pesquisar preços antes de fechar uma compra. Esse hábito, que deve ser incorporado em seu dia a dia, é um dos pilares da busca pela sua sustentabilidade financeira.

Mantenha o controle

A conquista da independência financeira inclui também o controle do orçamento familiar, ou seja, os seus gastos e os de sua família. Você deve "arrumar a casa", deixando todas as contas em dia e passando a gastar um pouco menos do que ganha.

Pode não ser fácil no começo, mas com todas as dicas e aprendizados que você acumulou com essa leitura, com certeza o caminho será menos árduo. Para que a transformação aconteça, é importante envolver todos os seus familiares, incluindo seus filhos, independentemente da idade deles, nesse novo ciclo.

O apoio, a compreensão e o engajamento de todos são imprescindíveis para o sucesso dessa "empreitada". Por isso, envolva sua família nesse novo modo de vida, mais responsável e rumo à segurança financeira.

Nada é mais importante do que garantir sua independência em relação ao dinheiro, o que na prática significa ter o seu padrão de vida garantido caso lhe faltem os rendimentos mensais. Isso é investir na sua educação financeira, que, como vimos, ainda é um tema muito incipiente no Brasil. Agora você possui as chaves e os mecanismos necessários para essa mudança tão positiva. Descobrirá que ter segurança financeira é um dos principais fatores de felicidade, já que estará mais tranquilo em relação ao seu futuro e ao de sua família.

As condições de vida mudam quando menos se espera. E você deve estar preparado para esses desafios, para momentos em que porventura possa perder o emprego, em que o salário ficar defasado ou ainda quando despesas inesperadas surgirem.

E não é somente em situações ruins que a sustentabilidade financeira é uma aliada. Você pode precisar de dinheiro para realizar uma viagem inesperada e que é importante para seu futuro e sua felicidade. Pode desejar mudar de emprego ou ainda iniciar um negócio próprio. E, também nessas ocasiões, a existência de uma reserva financeira será essencial.

Não espere uma mudança brusca de salário ou de qualquer fonte de rendimento, seja ela qual for, para começar a poupar. Sonhar com a loteria ou com uma grande herança pode ser uma fonte de inspiração para enfrentar o dia a dia, mas dificilmente tais desejos se tornarão realidade.

Persiga a sustentabilidade financeira dentro de suas possibilidades, adotando mudanças simples em seu orçamento e sempre poupando ao menos 10% de seus rendimentos todos os meses.

É possível desenvolver hábitos financeiros saudáveis em qualquer nível de renda. Lembre-se: é preciso poupar no presente para colher no futuro.

Você é o responsável pela gestão de sua vida em todos os aspectos e não é diferente no quesito dinheiro. Ao longo deste livro, mostrei a você diferentes opções de investimento, mas descobrir qual é a mais adequada aos seus planos e desejos futuros é uma tarefa sua, para a qual você pode contar com a ajuda de amigos e especialistas, como o gerente do seu banco. Ele conhece bem como é sua vida financeira, quais são seus gastos, e pode orientá-lo na escolha do melhor investimento ou, ao menos, explicar as opções viáveis para o dinheiro que você poupa mensalmente.

O melhor lugar para você aplicar depende de quanto você possui e de quanto tempo pretende deixar o dinheiro aplicado. O ideal é não se arriscar. Por isso mesmo não apresentei neste fascículo a opção de investir diretamente em ações na Bolsa de Valores, já que essa é uma opção de maior risco.

Quero alertar ainda que investir em ações é o mesmo que comprar parte de uma empresa. Ou seja, se ela obtém lucro, as ações valorizam-se e ao vendê-las você ganhará dinheiro, mas se a empresa tiver prejuízo ou até falir, o dinheiro investido em suas ações vai virar pó.

Por isso, lembre-se de que seu dinheiro é ganho com muito suor e dedicação e merece todo o seu respeito. Ele não aceita desaforo! Todo cuidado é bem-vindo! Para seu conhecimento, alcancei minha independência financeira sempre aplicando meu dinheiro em investimentos conservadores. Paciência e perseverança foram as minhas palavras de ordem!

Você deve optar por um investimento no qual poderá retirar o valor investido sem perder parte expressiva dos rendimentos. Reflita bastante sobre seu estilo e perfil como futuro investidor. Você pode ser uma pessoa mais conservadora, que não costuma e não gosta de correr riscos e que, portanto, não vai apostar em investimentos que não possuam maior segurança.

Pode ainda ter um perfil moderado, aceitando correr alguns riscos, mas sem entrar de cabeça em situações inseguras. Nesse caso, pode investir parte de seu dinheiro em aplicações mais conservadoras e a outra parcela em investimentos de maior risco, mas que, por isso mesmo, podem garantir rendimentos melhores.

Agora, se o seu perfil for arrojado, ou seja, de uma pessoa acostumada a apostar em situações em que não há certeza do resultado, a opção pode ser a de investir em aplicações de maior risco e com retorno superior.

Cabe a você, depois de pesquisar e entender as regras do jogo, decidir qual será o caminho a ser percorrido. O que você não pode é se desviar da linha de chegada. Daqui para a frente, utilize com coragem e disciplina os ensinamentos e conhecimentos adquiridos neste livro e, sempre que precisar, retome esta leitura para inspirar-se.

Sua recompensa logo aparecerá. Mais breve do que você imagina, será possível olhar para a frente e enxergar um novo e amplo horizonte, rumo à estabilidade financeira, à paz de espírito e à realização plena dos seus sonhos.

Chegou a hora de abandonar a postura que nós, na maioria das vezes adotamos, de esperar que um "pai protetor" apareça do nada para resolver nossos problemas. Tome as rédeas da sua vida financeira! Lembre-se de que a transformação verdadeira depende de você, da mudança dos seus hábitos e comportamentos em relação ao dinheiro. E isso está diretamente relacionado à sua capacidade de enxergar o dinheiro como meio e não como fim.

Você não precisa de soluções mágicas para viver bem financeiramente, apenas do conhecimento de algumas estratégias, além, é claro, de três aspectos: atitude, disciplina e perseverança. Esteja certo de que agindo da forma correta e respeitando o dinheiro, a prosperidade será o seu destino e os bons ventos da educação financeira soprarão sempre a seu favor.

Espero ter sido um aliado nessa busca. Está dada a largada para a sua independência financeira. Nos vemos na linha de chegada!

DSOP
Educação
Financeira

Disseminar o conceito de Educação Financeira, contribuindo para a criação de uma nova geração de pessoas financeiramente independentes. A partir desse objetivo foi criada, em 2008, a DSOP Educação Financeira.

Presidida pelo educador e terapeuta financeiro Reinaldo Domingos, a DSOP Educação Financeira oferece uma série de produtos e serviços sob medida para pessoas, empresas e instituições de ensino interessadas em aplicar e consolidar o conhecimento sobre Educação Financeira.

São cursos, seminários, workshops, palestras, formação de educadores financeiros, capacitação de professores, pós-graduação em Educação Financeira e Coaching, licenciamento da marca DSOP por meio da rede de educadores DSOP e Franquia DSOP. Cada um dos produtos foi desenvolvido para atender às diferentes necessidades dos diversos públicos, de forma integrada e consistente.

Todo o conteúdo educacional disseminado pela DSOP Educação Financeira segue as diretrizes da Metodologia DSOP, concebida a partir de uma abordagem comportamental em relação ao tema finanças.

Reinaldo
Domingos

Reinaldo Domingos é professor, educador e terapeuta financeiro, presidente e fundador da DSOP Educação Financeira e da ABEFIN – Associação Brasileira dos Educadores Financeiros. Publicou os livros Terapia Financeira; Eu Mereço Ter Dinheiro; Livre-se das Dívidas; Ter Dinheiro não tem Segredo; O Menino do Dinheiro – Sonhos de Família; O Menino do Dinheiro – Vai à Escola; O Menino do Dinheiro – Ação entre Amigos; O Menino e o Dinheiro; O Menino, o Dinheiro e os Três Cofrinhos; e O Menino, o Dinheiro e a Formigarra.

Em 2009, idealizou a primeira Coleção Didática de Educação Financeira para o Ensino Básico do Brasil, já adotada por diversas escolas brasileiras.

Em 2012, criou o primeiro Programa de Educação Financeira para Jovens Aprendizes, já adotado por diversas entidades de ensino profissionalizante, e lançou o primeiro Programa de Educação Financeira para o Ensino de Jovens e Adultos – EJA.

Contatos do autor

No portal da DSOP Educação Financeira (www.dsop.com.br) você encontra todas as simulações, testes, apontamentos, orçamentos e planilhas eletrônicas.

Contatos do autor:

reinaldo.domingos@dsop.com.br

www.dsop.com.br

www.editoradsop.com.br

www.reinaldodomingos.com.br

www.twitter.com/reinaldodsop

www.twitter.com/institutodsop

www.facebook.com/reinaldodomingos

www.facebook.com/DSOPEducacaoFinanceira

www.facebook.com/editoradsop

Fone: 55 11 3177-7800